Schuhlin: Eine Erzählung

Carl Sternheim

Alpha Editions

This edition published in 2022

ISBN : 9789356903562

Design and Setting By
Alpha Editions
www.alphaedis.com
Email - info@alphaedis.com

SCHUHLIN

OB der musikalischen Erfindung des Ludwig Schuhlin Größe in dem Umfang innewohnte, wie er selbst sie ihr zumaß, wird die Zeit lehren. Ob er im Gewissen die gewaltige Überzeugung hatte, die er zur Schau trug, weiß Gott allein. Die ihm nahe standen, sind von seinen Stücken angerührt worden; die weitere Welt hat ihnen den Erfolg versagt.

Schuhlin kam aus der Tiefe des Volkes. Proletarisch ernährt und erzogen, lief ihm bis ins Jünglingsalter das Leben schmucklos hin. Ein Pianoforte, aus einem Erdgeschoß klingend, traf zum ersten Mal sein Herz mit edler Erfindung und versetzte ihn in Schwung, dem er nicht mehr entrann. An eine Regentraufe gelehnt, hörte er in der Folgezeit viel feierliche und fröhliche Musik, die sich in seine Seele senkte. Bis eines Tages er, entdeckt von dem gerührten Spieler, in dessen Umgebung gezogen wurde. Näher hinhörend, lernte er nun die Elemente des Spiels, griff bald und begriff die Tasten und ihre Bedeutung. Die Welt ward ihm völlig Klavier. In Terzen, Quinten, Oktaven sprang sein Denken, Dur und Moll spannte sein Herz. Über die Leiter der Schubert- und Beethovenschen Empfindungsstürme entrückte er dem gemeinen All und stand mit zwanzig Jahren in Kleidern des Kleinbürgers, die Stirn in den Sphären auserwählter Menschheit. Geld auf Fahrten verdienend, die er mit einem Flötenbläser, einem Trompeter über die Märkte seines Bezirks zu Kirmeß und Kirchweih unternahm, gab er es nur zu Teilen für seinen Unterhalt aus, verwandte das Meiste für den Unterricht bei bedeutenden Lehrern, bis er große Klavierstücke technisch vollendet so selbständig aus dem Flügel hämmerte, daß ihm innere Bewegung verständiger Zuhörer überall gewiß war. Da verließ er die Heimat und gewann auf Reisen beträchtliche Sicherheit der Lebensformen. Man traf ihn im Frack, den er nicht übel zu tragen wußte, in den Salons situierter Kaufleute nach dem Abendessen vor dem Klavier. Den schönen Kopf auf freiem Hals über das Notenblatt gehoben, spielte er, und die bürgerlichen Frauen im Umkreis öffneten ihm die Herzen. Stand er auf, kam, noch getragen von rhythmischen Wellen, durch den Raum, senkte er den Blick in begeisterte Augen, die er merkte, und von denen er Lohn forderte. Überall nahm er das leicht zu ergreifende Weib mittlerer Kreise als Beute, schüttelte ihr geringes Eigenteil aus ihr heraus, mit dem er sich stärkte. In immer bessere Zirkel brachte ihn die mit Begeisterung geübte Kunst, und es fehlte ihm schließlich ein bedeutendes Einkommen, lebhafter Beifall nicht. Sein Selbstbewußtsein verlangte alsbald überzeugendere Erfolge: die Verehrung einer großen Dame, Freundschaft eines in den Künsten dilettierenden Mannes von Welt. So wurde er der repräsentable Geliebte manch reicher Frau, die sich langweilte; geistiger Zusammenklang eines blasierten Dandys.

Doch war Hingabe und Aufopferung von seiner Seite größer als desjenigen, der den Bund mit ihm einging. Denn seines Gehirnes Kraftentfaltung war das Äquivalent zu ruhenden Gütern, die der andere aus Geburt und Vererbung besaß. Nie war Schuhlins Übergewicht von vornherein so groß, daß ein Mensch sich einfach ihm beugte. Er bedurfte des polierten schwarzen Kastens, die Aufmerksamkeit für sich zu erzwingen, die seine Eigenliebe wollte. War aber Zuneigung einmal erlangt, wuchs nie er allein dem andern ans Herz, sondern Vorstellung gespielten Klaviers, musikalisches Genie eines Toten mit ihm. Aus Liebesversunkenheit lallte die Frau nicht das bezügliche Wort, aber eine empfindsame Tonfolge, deren Schöpfer nicht, deren Vermittler er war. Das heimlichste Gespräch, jeder kostbare Augenblick des Lebens glitt über ihn hin zu den ursprünglichen Geistern, deren Einfälle er auf die Tasten abspielte.

Im zarten Anschlag einer Nerve noch spürte er vom Nächsten her Atome eines Gefühls, das über etwas prompt zu Lieferndes quittiert. Wie ein blasiertes »danke«, das man dem Bedienten lispelt. Kein spontaner Dank, kein Jubel kam ihm entgegen und hob sein Herz zu den Sternen auf. Davon wurde er krank, begann alles Erreichte, den augenblicklichen Zustand zu hassen und floh schließlich aus bequemen Verhältnissen aufs Land, wo er in einem Bauernhaus am Seeufer Vergangenheit und Zukunft umständlich bedachte.

Er begriff, reproduzierendes Künstlertum konnte der Hebel nicht sein, mit dem die Welt aus den Angeln sich heben ließ, der in ihm gärende Machthunger zu befriedigen sei. Keinen Augenblick zögerte er, alle Brücken zur Vergangenheit abzubrechen, verschwand vollständig von der Weltbühne und rollte sich wie ein Igel in die Einsamkeit des ländlichen Platzes, wo er drei Jahre lang das eigene, mächtige Wesen in Scharniere preßte, nicht einen Hauch seiner Person durch Gespräch oder Mitteilung entweichen ließ. Wie in einen Spartopf senkte er mit grimmigem Lächeln jeden Einfall, allen

Gefühlsüberschwang in das eigene Innere, verbot sich den winzigsten Gedanken von sich fort. Abends im Bett faltete er die Hände über den schwellenden Bauch und freute sich, als schließlich Wesensüberfülle innen gegen die Wände des Leibes tobte. Nachdem er der Stärke des Dranges und seines Umfangs sicher geworden, legte er weißes Notenpapier vor sich hin, und wie durch geöffnete Hähne hochgespannter Dampf mit Kraft auszischt, fuhr jäher Empfindungssturm in Noten Kopf an Kopf über die Seiten. Er sah die ersten Niederschriften durch, verglich sie und begriff ihren unterschiedlichen Wert. Auf Spaziergängen ließ er das mindeste gelten, nahm es in sich zurück und sah bei erneutem Ausbruch die geläuterten Themen in gültiger Form als sein erstes Lied aufgezeichnet.

Aus den Gedichten Hoelderlins wählend, was durch Verwandtschaft des Gedankens etwa vereint war, drängte er in heftigem Schaffenssturm an die zwei Dutzend Gesänge zyklisch zusammen und erschien mit dem Manuskript von neuem in der Hauptstadt. Er versammelte den Kreis ehemaliger Freunde und spielte ihnen das Werk mit so innigem Ausdruck, daß die Zuhörer gepackt waren, er selbst von seiner einzigen Bedeutung überzeugt wurde. Mit Wucht etablierte er jetzt vor sich und andere die Geste des Genius, der außerordentliche Rechte hat, und nahm ohne Bedenken, von bemittelten Anhängern den monatlichen Zuschuß, der ihn ernähren mußte. Saß nach dem Vortrag einer gelungenen Komposition die Gesellschaft in Ergriffenheit um seinen Platz am Flügel, brachte er ihr, von Schöpferglück geschwellt, leicht die Überzeugung bei, es sei ihres irdischen Daseins besserer Zweck, ihm auf alle erdenkliche Weise über die Härten des Lebens zu helfen. Ihr Lohn sei ihnen in seiner Lebensbeschreibung gewiß. So ließ die geschmeichelte Wohlhabenheit sich zu größerem Aufwand herbei, verschönte sein Leben mit praktischen Gaben nicht nur, sondern mit verschwenderischem Lob. Er aber, Anerkennung von überall her unersättlich schlürfend, schwoll zu einem Koloß des Selbstbewußtseins, der alsbald nicht duldete, daß in dem von ihm beglückten Haus von anderem die Rede war als von ihm selbst, wobei es ihm gleich blieb, ob man seine menschlichen oder künstlerischen Eigenschaften mehr verherrlichte. Dazu schied er den Freund vom Freunde, indem er den verächtlich machte, Gatten voneinander, weil jede Gemeinschaft zweier Wesen seinen Zwecken gefährlich schien. Nie versäumte er, war ihm aus der Überlegenheit seiner Person ein Eindruck gelungen, auf die Niedrigkeit jemandes, der bedürftig war, hinzuweisen. Wie zum Teufel verdiente der Betreffende Teilnahme, während Auserwählte mühselig ihr Leben fristeten? Müsse er nicht immer noch, nachdem Gott ihm schon den genialen Einfall seines großen Klavierkonzerts geschenkt, auf die notwendige Erholungsreise in den Süden verzichten? Wer von den Anwesenden ahne überhaupt etwas von den zerfleischenden Ausgleichungen, die in der Seele dämonischer Menschen stattfinden? Und von Ergriffenheit über sich selbst gepackt, vermochte er ein Tonstück so rührend zu spielen, daß die im Gewissen gemahnten Freunde sich ernstlich bedachten, ob ihnen vor Schuhlin Besitz erlaubt sei. Es lief der Hausherr schnell zum Bücherschrank, und ein kostbares Werk aus den Reihen nehmend und dem Meister zum Andenken an den feierlichen Abend reichend, zwang er Tränen aus den Augen der übrigen, die sich insgeheim jeder ein weiteres Opfer gelobten.

Als aber Schuhlin sah, welch unwiderstehliche Macht er auf törichte und eitle Menschen hatte, ergriff ihn die Vorstellung phantastischer Möglichkeiten. Wirkung auf sie, Absicht mit ihnen wurde ihm des Lebens Hauptzweck, und er ließ seine Arbeit ruhen. Mächtig reizte es ihn, fühlte er eines Opfers Bereitwilligkeit, dies weit über ursprünglich gesetzte Grenzen zu stoßen. Widerstände mit Worten, rührenden Gebärden sanft fortbiegend, schritt er über den Willen des Schwächeren auf Ziele zu, die ihn anfangs nur mit der Wonne, Sieger zu sein, beglückten. Später aber sog er aus der Überwindung fremder Person um so größeren Genuß, je mehr der Besiegte und wenn möglich ein dritter durch sie verächtlich wurde. Denn aus der Niederwerfung sittlich Entseelter trank er müheloser und gründlicher den Rausch zügellosen Selbstbewußtseins. Aber die auf die Knochen Geprügelten fingen an, ihn zu scheuen und mieden ihn schließlich. Fama begann, Neugierige zu warnen. Wie er auch seine Anstrengungen verdoppelte, Ruten geschickter legte, die Opfer wurden selten und magerer, und auch die letzten Versuche, die er mit Aufwendung gleißnerischer Tränenströme und hysterischer Erschütterungen anstellte, einstiger Macht entscheidenden Erfolg zu spüren, schlugen fehl. Die Wirkung des allzusehr bekannten, oft gehörten, wenig umfangreichen musikalischen Werkes einerseits, seiner menschlichen Spiegelfechtereien anderseits war erschöpft. Es drückten ihn die unwiderstehlichen Energien der großen Städte in den

Schatten. Innere und äußere Existenzmittel begannen, immer mehr zu fehlen.

*

Ehe noch das Elend ihn völlig erreichte, war er zum zweiten Mal in die ländliche Vergessenheit enteilt, angefüllt mit Haß gegen die Welt, die seinem eisernen Griff entschlüpft war. Er begriff nicht, wie der schlichte Mensch, der bei Verstand war, sich der Wollust, von ihm Gottbegnadeten beherrscht zu werden, entziehen mochte. Dieses Gottesgnadentums recht deutlich selbst wieder inne zu werden, setzte er sich gleich zu ernsthafter Arbeit nieder und entzündete sich an der unbesiegten, ja erweiterten Schöpferkraft, die aus ihm brach. Begier, Machtwillen, Dämonie, den Verein ihn aufwärtsstoßender Triebe türmte er zu Tongebilden, aus denen nach Ausbrennung der Schlacken heroisches Menschentum klang. So finden wir ihn am strahlenden Sommertag bei offenen Fenstern vor dem Instrument. Die Beine wuchtig ins Pedal gestemmt, zwei gespreizte Hände voll zuckender Tasten, schlägt die gesammelte Person ihren unbeugsamen Willen prachtvoll aus dem Klavier.

Es gab keine Seele im Dorf die von der Schalldynamik aus Schuhlins Haus nicht irgendwie berührt wurde. Mit Widerstand oder andächtigem Hinhören nahmen sämtliche Bewohner zu ihr Stellung. Klara Kroeger, eine junge Blondine, die in dem waldreichen Ort Erholung suchte, wurde von ihr, wie einst der halberwachsene Ludwig vom Spiel eines anderen, augenblicklich im eigenen Wandel aufgehalten und zum Ausdruck fremden Ichs gezogen. Auch sie umkreist mit angehaltenem Atem das Haus, in dem Gefühlsstürme jauchzen, auch sie wird, die Hände gegen die hochwogende Brust gedrückt, vom Spieler zuerst durch das Fenster gesehen und läßt sich, halb fähig, halb unfähig, sich noch zu entfernen, von ihm dort finden. Ihn umhing noch die ganze Pracht und Wärme der aus ihm entbundenen Kraft, als er kam, sie stak noch in der Hingabe Mitten, da zum Willkomm er sie bei der Hand nahm. So führte er sie ins Haus zu ihrem Platz dicht bei ihm im Zimmer und vollendete am gleichen Tag das Werk der Verschmelzung ihres Schicksals in das seine.

Doch wie vieler Menschen Los auch vorher von ihm abgehangen, um jede Seele hatte er gegen Widerstände kämpfen müssen, bis sie erlag. Und auch dann noch hatte es Augenblicke gegeben, in denen der Unterworfene sich zu eigenem Willen zurückfand. Hier aber lag seinem gierigen Blick die junge Person vor jeglicher Empfängnis bloß. Haut und Haar, jeder Eingang Leibes und der Seele war unbefleckt. Es atmete ihn Erstaunen, gerührte Überraschung zu jeder Geste an, als bewege er mit Schöpfers Fingern von allen Dingen dieser Welt zum erstenmal die Schleier fort. Er sah, sein plattes Wort entwirrte für sie noch irgendein Geheimnis, und so willige Andacht bereitete ihm unaussprechliches Vergnügen. Denn unumschränkter als je über einen Menschen herrschend, spürte er, welcher Aufwand der Kräfte bei ihr erspart war. Hier blieb vom Aufstehen bis zum Niederlegen er König, ohne mehr als der seiner läßlichen Bequemlichkeit hingegebene Mensch zu sein. Sie war, wo immer sie sich um ihn bewegte, seines leisesten Rufes nach Anerkennung stets bereites Echo. Tauchte in seines Auges Grund Herrschwille nur erst wie ein Flämmchen auf, breitete sie vor ihn wie einen Teppich ihre weibliche und menschliche Bereitwilligkeit. Wohin er treten wollte, da kniete sie schon, ihn huldigend zu empfangen. Sein stets möglicher Marsch durch sie hindurch räumte ihm die Vorstellung etwaiger Widerstände von außen gegen ihn und sein Werk aus dem Bewußtsein und vollendete in diesem Mann ein Maß von Selbstbewußtsein, das man sonst nicht in der Welt gesehen.

Es erhielten zu dieser Zeit seine Bewegungen eine Wucht und Schwere, als wirkten innen mächtige Gewichte. Er sprach mit so ungeheurem Pathos, als müsse dem Hörer die Rede eingestampft werden. Daß er diesem gesteigerten Ausdruck einen einigermaßen entsprechenden geistigen Inhalt unterlegen konnte, war Folge einer Selbsterziehung, die mit dem übrigen Fortschreiten Hand in Hand gegangen war.

Band er sich damals frühmorgens vor dem ovalen Spiegel im Schlafzimmer die Kravatte, sah über seine Schulter das bezauberte Mädchen, trafen sich im Glas ihre begeisterten Augen mit dem naiven Ausdruck: welch ein Mann, Ludwig! Klara sieh, doch, welch ein Mann!

In inniger Gemeinschaft mit dem Weibe entstand so manches Werk, und da es den Musiker letzthin deuchte, es würden die kleinen monatlichen Beiträge, die zwei treugebliebene Anhänger ihm von der Stadt her sandten, und die sein ganzes Einkommen ausmachten, unpünktlicher und weniger gern gezahlt, beschloß er, wie zu einem Vorstoß von sicherer Warte aus, sich vorübergehend in die Welt der Menschen zurückzubegeben. Aber so mächtig war einst der Eindruck auf die Freunde gewesen, daß sie das Mal seiner Herrschaft noch im Fleisch spürten und nicht Lust hatten, es vertiefen zu lassen. Sie versteckten sich, und es gelang nur an einem Abend, mehrere Verehrer von ehemals in ein Zimmer zu versammeln, wo er sein symphonisches Stück über ein ländliches Thema spielte. Die Hörer, mit grimmiger Abwehr gegen ihn gewappnet, blieben kühl und vollkommen höflich. Unmittelbar nach dem Vortrag reichte man zu essen und zu trinken. Vereinter Wille hielt das Gespräch von seiner Schöpfung fern. Andern Tags fuhr er heim, und Klara war seines Ausdrucks kaum ansichtig geworden, als mit der Erzählung eines Traumes sie ihn überraschte, in dem er den schier beispiellosen Enthusiasmus einer vor das Haus versammelten Menge entgegengenommen hatte. Vorher aber sei im Traumbild eine überirdische Person aufgetreten, die ihr verkündet, es stünde dem geliebten Freund Leid des mißverstandenen Künstlers in außergewöhnlichem Umfang bevor. »Laß dich also,« fügte sie, bevor Schuhlin überhaupt zu Wort gekommen, flehentlich hinzu, »vom großen Erfolg, den du dort gehabt, nicht täuschen. Der Beifall beweist nur, man hat dich völlig mißverstanden.«

Schuhlin beruhigte sie. Es sei der Eindruck nicht allzu groß gewesen. Er war aber durch des Mädchens Verhalten in die alte Sicherheit gewiegt, und die einzige Folge des Ausflugs blieb, daß er sich endgültig von den Menschen fort zu Klara zog, die den doppelten Vorteil bot, Schutz gegen die Außenwelt und hemmungslos in seine Gewalt verloren zu sein.

Er heiratete sie, ihr die letzten Stege zur Umkehr abzusägen. Den verklärten Blick seines Opfers, als sie vom Standesamt heimkamen, beantwortete er mit einem so ausholenden Druck beider Hände in ihre Schultern, daß sie in den Knieen knickte. Dann ließ er unverzüglich ein Leben beginnen, in dem er durch des Weibes schöpferische Demut als Künstler, Mensch und Mann unablässig Herr des Universums war; denn Klara begnügte sich nicht mehr damit, die Winke seines Willens vorzuerfüllen. Weit über seine Begriffe flog ihre Vorstellungskraft und blies ihm mit immer größerem künstlerischem Ansinnen an sich selbst, ihre tiefere Unterwerfung unter ihn als Forderung belohnenden Ausgleichs ein. Da zögerte er nicht länger, sich für jede gelungene Harmonie einen hohen Preis aus ihrem zur Kreuzigung bereitem Leib auszuzahlen und hätte zwischen Werktätigkeit und der einzigen Frau ein in häusliche Stürme begrenztes Leben bis ans Ende seiner Tage geführt, wäre er nicht durch das unentschuldigte Ausbleiben jeder

Subsidienzahlung plötzlich vor die Frage gestellt worden, wie er den irdischen Leib ernähren sollte.

Zwar drängte Klara dazu, auch da mit allen Kräften für ihn einzutreten. Sie hatte ein bedeutendes photographisches Talent und konnte hoffen, in absehbarer Zeit zu verdienen. Doch war Schuhlin überzeugt, es würde selbst bei angestrengtem Fleiß, was sie vermöchte, zu einem behaglichen Leben für ihn nicht ausreichen. Vom Ertrag seiner gedruckten Kompositionen aber war, wie die jährlichen Abrechnungen bewiesen, das Geringste nicht zu hoffen, und so begann Unsicherheit, woher die notwendigen Existenzmittel in Zukunft regelmäßig zu beschaffen seien, den bisher in sich beschlossenen Frieden des Hauses zu verwirren.

Da betrat eines Tages ein junger Mensch Schuhlins Wohnstube und brachte vor, er sei Musiker, habe vor Wochen den Vortrag des Meisters in der Hauptstadt gehört, und durch die Größe der Komposition und die Person des Spielers zu doppelter Bewunderung hingerissen, sei er zur Prüfung des eigenen Ichs geschritten. Das Ergebnis bilde die Erkenntnis seines Unvermögens nach jeder Richtung hin und der unbeugsame Wille, sich in Zukunft völlig dem erwählten Vorbild anzuschließen. Sein Leben, solle es überhaupt noch höherem Zweck dienen, müsse unter Schuhlins Leitung in dessen unmittelbarer und ständiger Nähe geführt werden. Er besitze Mittel, methodischen Unterricht eine geraume Zeit zu entgelten und flehe den Meister an, ihn nicht von sich zu weisen. Bei diesen Worten hatte sich sein Antlitz gerötet, die Augen, ein wenig aus den Höhlen, glänzten. Schuhlin stellte, ihn betrachtend, fest, es müßten sich mit dem Sturm solcher Erregung, würde er in richtige Bahnen gelenkt, Effekte erzielen lassen. Der Mensch und seine Ergebenheit für ihn war ihm sofort angenehm. So ließ er denn einiges Allgemeine in Lehrsatzform hören und verabredete mit dem Schüler das Nähere über dessen Unterbringung im Dorf sowie über die Einteilung künftiger Tage. Denn da das Zusammensein sich nicht auf die Unterrichtsstunden beschränken solle, sei es richtig, daß durch keine Abhaltung verhindert, der Lernende dem Lehrer stets zur Verfügung sei. Im Hinblick auf dies Ziel wurde von den Männern das Nötige sofort in die Reihe gebracht. Es freuten sich später die Gatten des Ereignisses, durch das mit einem Schlag alles Gewölk verscheucht schien. Klara pries den Entschluß des jungen Mannes in den Himmel und verklärte sein Auftreten und seine Erscheinung. Hier habe

Schuhlin an einem Fremden endlich den Beweis, welche Wunder seine Kunst auf unverbildete Jugend wirke.

Ein harmonisches Leben begann. Neander wurde in Kontrapunktik, daneben fleißig im Klavierspiel unterrichtet. Was er vorher nach neuzeitlichen Methoden gelernt, von moderner Musik gehört hatte, ward verworfen. Über aller Tonkunst stand Sebastian Bach, der Gott. Neben ihm als Götter, H a e n d e l und Philipp E m a n u e l , des Vaters Sohn. Mit M o z a r t kam schon fin de siècle-Kunst, B e e t h o v e n schien Barock; alles Fernere bloßer Unsinn. Es galt, an die Quellen zurückzufinden, dort neue Wege zu suchen. Mit schönem Ernst legte Schuhlin in des Jünglings Seele die Überzeugung von der unvergleichlichen Wichtigkeit ihrer gemeinsamen Aufgabe. Vor dem Instrument, wurde eines Sextakkordes, einer Synkope Ursinn aufgedeckt, strahlten ihre Augen sich in freudiger Erleuchtung an. Spielte Neander vom Blatt, genügte schließlich das rhythmische Nicken des neben ihm sitzenden Lehrers, dessen huschende Handbewegung, daß der Schüler den verborgenen Sinn des Musikstücks erriet. Um ihre Körper stand eine heiße Wolke steil, die sie wie ein Gerüst von der Welt abschloß, das sie erst durchbrechen mußten, erhoben sie sich nach beendigtem Spiel. Die bedeutenden Anmerkungen Schuhlins beim Unterricht zeichnete der andere in ein Buch auf und trug so des Meisters Wesen auch in den Freistunden bei sich. Er hing an dessen Mund, wo der stund und ging. Manchmal spintisierte auf Spaziergängen der Ältere. War ihm des Rätsels Lösung gekommen, und er wandte das Haupt dem Gefährten zu, hatte der die gleiche Erkenntnis mit eins in den Augen. Bei einem solchen Vorfall griff Neander, da sie im Wald auf einer Lichtung rasteten, nach Schuhlins Hand und küßte sie. Dem aber hatte es geschienen, zugleich seien auch des Jünglings Knie völlig gewichen.

Auf dem Heimweg, — Neander ging einen Schritt voraus, — umfaßte mit mächtigem Griff Schuhlins Hand plötzlich des anderen Arm und zog die ganze willige Person an sich heran. Der Gepackte dreht das Haupt gegen den verehrten Mann und senkt den Blick mit dem Gelöbnis ewiger Treue in die ihn anherrschenden Lichter.

Fortan bildeten die Drei eine Gemeinschaft. Neander nahm an allen Mahlzeiten teil und übersiedelte auf Klaras Aufforderung bald ins Haus. In dem engen Logis war man auch dann dicht beieinander, befand sich jeder im eigenen Zimmer. Strich man tagsüber durch die schmalen Stuben, berührte man sich fortwährend und blieb immer im Dunstkreis der Gefährten. Aus der innegewordenen Enge des Raumes nahm sich nun Schuhlin den ersten sichtbaren Beweis seiner gleichmäßigen Macht auf beide Mitbewohner. Denn seine Bewegungen nicht beschränkend, sondern mit Griff und Tritt noch mehr ausladend, zwang er Weib und Schüler zu beständigem Ausweichen und Zurücktreten vor ihm und, da er ständig die Mitte der Stuben und des Flurs besetzt hielt, gewöhnten sich die zwei allmählich daran, längs der Wände hinzuschleichen, an ein Sitzen und Verweilen in entfernten Ecken. Doch war es ihnen natürlich und angenehm.

Und wie froh wurden sie beim Essen um den runden Tisch! Zuerst und sofort flogen die Schüsseln zu Schuhlin, der sich mit ausgesuchten Stücken regalierte und weitergab. Bescheiden nahmen die Mitessenden, bedacht, es möchte für den Meister noch ein zweites Mal reichen. Der eigenen Nahrung nicht achtend, folgten sie jedem Bissen des Hausherrn mit Aufmerksamkeit und Genuß. Hei, wenn ein Braten gelungen war! Was gab es für ein Schmunzeln, welch saftige Bemerkungen des Zufriedenen! Und immer strahlender wurde seine Laune, prasselnder sein Witz, bis er bei Kaffee und Zigarre, die man nur ihm anrichtete, freundlich anerkennende Blicke für seine Umgebung hatte. Um die Belohnung durch solchen Blick war es den beiden einzig zu tun. Sie steckten die Köpfe zusammen und berieten abends, was man morgen zu Tisch geben solle. Obwohl Neander einen hübschen Unterkunftspreis bezahlte, reichten Klaras Mittel nicht immer aus, des vorgeschlagenen Mahles Kosten zu bestreiten. Dann legte der Pensionär hier eine Mark, dort einen Taler zu, den geplanten Schmaus und die mit Sicherheit folgende Belohnung zu ermöglichen, und als eines mißlungenen und knappen Mittagessens schrecklicher Eindruck sie beide ein einziges Mal getroffen hatte, gewöhnte sich Klara, der breiteren Haushaltführung erhöhte Kosten ohne weiteres von Neander zu fordern, der ein Übriges tat und einen unerschwinglichen Leckerbissen, Frühgemüse, Wildpret ins Haus brachte. Dann kam für das ausgegebene Goldstück von der Hausfrau entzücktem Händedruck bis zu Schuhlins wollüstigem Verdauungsschnaufen unaufhörlicher Dank an den Geber und Feststimmung ins ganze Haus, die ihren Gipfel erreichte, schlürfte der Meister ans Klavier und gab seiner dankbaren Gemütsstimmung tönenden Ausdruck.

So lief die Zeit. Draußen in der Welt gab's Ereignis auf Ereignis; Politisches und Kulturelles beschäftigte abwechselnd die Aufmerksamkeit der Zeitgenossen. Luftschiffe wurden wichtig, ein afrikanischer Aufstand. Es tobten und beruhigten sich die Börsen abwechselnd. Im Haus am bayrischen Bergsee nahm man von nichts Kenntnis. »Was leistete die Musik bis zu Ludwig Schuhlin, und in wiefern geht dessen Werk über alles Erreichte hinaus,« hieß das in unzähligen Variationen behandelte strenge und ewige Thema. Der Meister im Lehnstuhl läßt die Trabanten Fragen um diesen Kern herum stellen. Dann spricht er gütig und anerkennend von den großen Musikern vor ihm, macht kluge Anmerkungen zu seinem eigenen Schaffen und läßt durch den beseelten Blick ahnen, alles von ihm bis jetzt Fertiggestellte sei im Grund Stückwerk, und seiner Sendung wahrer Anlaß ruhe in der Zukunft Schoß.

Alle Regung der Zuhörer war schon verstummt. Glieder und Blick sind in Andacht gelähmt. Schuhlins Atem, nach schönen Perioden seiner Satzbauten, strömt in breiten Wellen. Er lächelt endlich gerührt, und eine blanke Träne über sich selbst hängt ihm im Auge. Er verläßt das Zimmer.

Aber, während Klara, wie in den Stuhl gestampft, sitzt, läuft der Jüngling mit erhobenen Armen und gerollten Fäusten von Tür zu Tür, und seine hingerissene Begeisterung macht sich in Stöhnen und Seufzen Luft. Er faßt auch wohl Klaras Hände, und mit Druck und Widerdruck verständigten sich die beiden über Anfang und Ende der gemeinsamen Welt. Ihrer selbst waren sie blind und taub. Es wußte der eine nichts vom Gesicht des anderen. Gegenseitiges Wesen und Gestalt blieb ihnen Luft.

Also waren sie einander nirgends im Weg, bis im Bestreben, aus abendlichen Plaudereien Erkenntnisse festzustellen, der ältere Mann für den anderen Aufmerksamkeiten hatte, die das Weib ausschlossen. Da gleichzeitig Neander begann, seine Geschenke, Kosthappen, Flaschen guten Weins, aber auch Klavierauszüge und schließlich Gebrauchsgegenstände aller Art mit Umgehung Klaras an Schuhlin unmittelbar auszuliefern, sah sich die Hausfrau in Gefahr, in unebenbürtige Stellung gedrängt oder aus der Gemeinschaft überhaupt ausgeschlossen zu werden. Ihre sofort mit Tatkraft unternommenen Gegenmaßregeln, den Gatten nachts, war er nur ihr erreichbar, mit allen Mitteln zu sich hinüber zu ziehen, konnten nur halben Erfolg haben, da mit Tagesanbruch die Bindung zwischen den Männern wieder hergestellt war, und Neander zielbewußt jeden Erfolg Klaras, den er wahrnahm, durch immer kostspieligere Überraschungen für Schuhlin ausglich. Des Eindringlings Überlegenheit war, bei gleicher Hingabe Leibes und der Seele beider an den Herrn, durch sein geldliches Vermögen gewährleistet. Dies zu zerstören, sah Klara als ihres Lebens nächsten und unvergleichlichen Zweck ein.

Sie stellte sich, als sei ihr um des Vergnügens willen, das er darüber empfand, ein engeres Zusammengehen ihres Mannes mit dem Schüler sogar angenehm. Bei jedem Geschenk für ihren Gatten schien sie sich mitzufreuen, und nachdem sie aus Neander die Höhe der ihm zur Verfügung stehenden Mittel herausgelockt und die Geringfügigkeit einer Summe von vierundzwanzigtausend Mark dem zu leistenden Aufwand gegenüber erkannt hatte, reizte sie ihn unaufhörlich, beiläufig geäußerte Bedürfnisse Schuhlins unverzüglich zu befriedigen. Dem aber brachte sie im Bett auf unterirdischen Wegen immer neue und gesteigerte Wünsche bei: wie mußte im Wohnzimmer ein Teppich sich ausnehmen? Gewänne mit einem Velociped er nicht die Fähigkeit, die herrliche Umgebung im Umkreis kennen zu lernen und aus der Kenntnis zu beherrschen?

Schuhlin schien's, er sei zum erstenmal mit Gott ganz einig. Wie sich an seiner Seite die beiden Geschöpfe tummelten und bis ins Innerste regten, daß Sinn und Nerve um ihn zitterte und sich aufrieb, fand er als Schöpfungseinfall prachtvoll und sinngemäß. Im Ausdruck glaubte er manches steigern und folgerichtig miteinander verknüpfen zu können. Hier zügelte er Neander, da stieß er Klara vorwärts. Er wies und verwies sie, sprach von Himmel und Erde, in welcher Erscheinungsweise sie ihm angenehm seien, und was geschehen müsse, mit Menschenmitteln den ersehnten Zustand der Elemente für ihn immer herzustellen. Wie man Licht blende oder verstärke, Geräusche abstelle, Schwingungen, Gerüche verhindere oder wirken lasse. Kurz: er spitzte die Ohren der Unterworfenen für den leisesten Hauch der Atmosphäre.

Ihre Zwistigkeiten entgingen ihm mitnichten. Er peitschte sie mit Wettstreit. Potz! sagte er zu Klara, Hei! zu Neander und ließ in beiden die Motore knattern. Sie fuhren ihn, während alles Gas auf die Ventile drückte, mit der letzten Übersetzung über die steilsten Hindernisse des

Tages und lagen abends, ausgeblasene Hülsen, vor ihm, aus denen er mit aufgesetzten Füßen die letzte Luft trat. Mit Hebel, Kupplung und Bremse fuhr er sie, wohin er wollte.

Darüber hinaus mußten sie auch Einfälle haben. Sie sollten nicht nur wirklich, auch transzendental mußten sie sein. Mit dem Mann gelang das am besten. Immer demütiger, bot das Weib nur Fleisch an. Aber der Jüngling zuckte aus einer nicht übermäßigen Begabung manchmal jäh ins Erhabene.

So riet er einst, Schuhlin solle sein Bett in der breiten Wand Mitte stellen, daß durchs Fenster er über Landschaft gen Osten zum Horizont in die aufgehende Sonne blicke wie Louis Quatorze einst zu Versailles. Das wurde selbigen Tages noch angeordnet. Klara flog zu Neander ins Beigemach, und Schuhlin holte fortan, allein im Schlafgemach, nachts breiteren Atem.

Vier sehnsüchtige Augen hingen durchs Dunkel an der Tür, aus deren Spalten Licht drang, las der Herr vor dem Einschlafen noch die Zeitung. Das Rascheln umgewendeten Papiers, Geräusch des sich rekelnden Körpers, ein Knacken schließlich der verlöschenden Lampe, erregte zwei hochaufhorchende Herzen. War alles still, belauschte an entgegengesetzten Wänden Weib und Mann, parallel ausgestreckt, mit Neid und Erbitterung den gegenseitigen Herzschlag.

*

Doch während Schuhlins menschliches Ausmaß wie die Krone eines ungeheueren Baumes durch das Dach des Hauses brach und alles beschattete, was darin tot und lebendig war, während in Klaras Herz der Haß gegen Neander sich zu einem Zuckerhut aus Stahl verdichtete, der eines Tages mit Geschrei des Flugs sein Sprengmehl wie einen furchtbaren Strahl auf ihn niederstreuen mußte, schmolz durch wütende und überstürzte Ausgaben für sein Idol diesem das mitgebrachte Geld. Die Gewißheit erfüllte mit so heißer Schadenfreude Klara, daß ihr Antlitz tagsüber davon brannte, den Verschwender zittern machte und ihm jede Genugtuung zerschlug. Vom Gesicht des Weibes konnte er den Blick nicht wenden und fürchtete ein in ihm auftretendes Lächeln lange, bevor es noch da war. Je kleiner seine Barschaft wurde, um so toller schien ihm das Grinsen der Feindin. Durch schwarze Nacht glaubte er ihre verzerrten Züge zu erkennen, und wie dicht er sich in die Decke mummte, es lächelte um ihn, hinter ihm her. Als er einst ein ersticktes Kichern hörte, sprang er aus den Kissen mitten ins Zimmer so zischenden Atems, daß die Bedrohte ihm hoch auf dem nackten Boden entgegenstand. Dort griffen sie sich bei den Leibern, und stumm rissen, traten, schüttelten sie einander, bis ihnen das Leinen in Fetzen hing, und im Allerheiligsten ein leichtes Stöhnen sich hören ließ. Da nahm jeder die Fänge von des anderen Fleisch und kroch geschunden auf seine Matratze zurück. Zu solcher nächtlichen Melodie klang weiter bei Tag Schubert, Chopin und Schuhlin mit Symphonie und Sonate. Aus Himmeln wurden zwei Menschen in Abgründe geschleudert. Unaufhörlich trieb sie ein Mühlrad aus den Sternen zur Hölle hinunter; wieder hinauf.

An Schuhlins fünfunddreißigstem Geburtstag waren fast vier Jahre ihres Zusammenlebens vergangen. Gegen Abend dieses Tages sprang dem Hausherrn von neuem der Gedanke, dessen er sich letzthin immer weniger erwehren konnte, ins Bewußtsein. Wenn heute man sich zur Nacht getrennt haben würde, wollte er im Bett endlich von Grund auf feststellen, was seine Spekulationen ihm in runden Ziffern verbürgten, was Klara, die er, ihr photographisches Geschick durchzubilden, unaufhörlich getrieben, und die schon jetzt im Dorf und Umkreis mit ihren Bildern Einnahmen hatte, bei zielbewußter Arbeit unter allen Umständen, was Neander durch den Klavierunterricht für ihn verdienen mußte, den er nach seiner Methode Fortgeschrittenen binnen kurzer Frist zu geben imstande sei. Wenn er auch Auslagen für Fahrgeld, Einnahmeminderung durch Krankheit der Verdienenden, alles Unvorhergesehene von dem durchschnittlichen Erträgnis gewissenhaft in Abzug bringe, glaubte er doch jetzt schon die Summe von viertausend Mark als nicht mehr zu bezweifelndes Jahresergebnis der gemeinsamen Arbeit für ihn schlimmsten Falls einsetzen zu können. Durch Hin- und Herrechnen wolle er aber der Sache heute Nacht noch schriftlich an den Leib und, vor jeder Überraschung sicher, auf frisches Papier mit schwarz und roter Tinte die genaueste Bilanz machen.

Immerhin freute er sich der gefundenen Zahl schon von Herzen, die er mit oft verändertem Tonfall vor sich hinsagte. Am Tisch sitzend, hatte er die Beine von sich gestreckt, die Zunge stand aus dem geöffneten Mund durch die Zähne schweißend hervor. Volkslied ging ihm mit: »O wie wohl ist mir am Abend« durch den gehobenen Sinn. Als er schließlich ein hinreichendes Maß Behagen aus günstigen

Voraussichten in sich gesogen, formte er, an den Flügel sich ziehend, den anmutigsten Tanz auf die Tasten, aus dem er, eine Gegenbewegung zögernden Zweifels bewußt erfindend, Hoffnung immer fröhlicher klingen ließ. Dann riß er das Thema von neuem durchs Gewissen zu höheren Sphären hinauf, ließ das Taktgefüge wuchtiger brausen, Harmonien die Melodik begründen, bis seines blühenden Daseins Gewißheit und angenehmer Zukunft Überzeugung so süß aus den Saiten rauschte, daß allenthalben Tür und Fenster sich auf die Straße öffnete, und aus den Stuben die Menschen lauschten.

Ins Zimmer selbst aber traten vor des Spielenden transparent erleuchtete Augen die liebenden Antlitze zweier Menschen. Langflügelige Engel Fra Angelicos, stützten sie von beiden Seiten sich an das tönende Instrument. Aus den geblähten Backen blies wie aus Posaunen so gewaltig ihrer Seelen zustimmender Oberton, daß er das Segel von Schuhlins Herz wellte und es beflügelter J a und A m e n spielen ließ zu der Absicht, die es mit den zufriedenen Opfern ferner hatte.

Als man später die schweigende Mahlzeit, bei der Blicke emsig hin- und hergesprochen, beendet hatte, zog feierlicher Geste Neander eine Zigarre aus der Tasche, die er dem Meister reichte. Sie war lang und dick, glatt gedreht, von graubrauner Farbe. Ein breiter Ring aus gold und rotem Papier lief um ihre Mitte, auf dem das Wort »Intimidad« stand. Hoch auf zuckte im gleichen Moment Klara, wußte sie doch, hier gab der Nebenbuhler endlich den letzten Rest seines Vermögens fort und habe in Zukunft keinen Vorteil vor ihr mehr voraus. So erschütterte sie die ersehnte Wahrnehmung, daß sie die Augen schloß, die Gesichtsmuskeln verhielt, fürchtend, es könne die Gewalt des ausbrechenden Glücks Neander zu einer Verzweiflungstat augenblicklich hinreißen. Wie inständig der auch ihr Antlitz durchforschte, er fand in ihm gleichmäßige Ruhe.

Schuhlin aber schnitt mit leichter Verbeugung gegen den Geber umständlich die Spitze der Zigarre herunter, beroch, klopfte und schüttelte die Havanna, bis er sie mit zwei Streichhölzern von allen Seiten her in leuchtenden Brand setzte. Während sich nun Wölkchen erhoben, Ringe, Blasen, gezackte Ränder, aus des Rauchers Mund und Nase gestoßen, und Klara hinter gekniffenen Lidern jeder einzelnen, die verschwebte, folgte, trat eiskalter Schweiß Neandern auf die Stirn, und der Boden des Zimmers schien ihm zu schwingen.

Dämmerung sank; fast saß man im Dunkel. Es leuchtete bei jedem Zug der feurige Ring der Zigarre, noch einmal, immer noch, bis Schuhlin ein Überbleibsel in die Schale warf und zerdrückte.

Dann gab er Neander die Hand, schien dessen gespenstische Grimasse nicht zu bemerken und ging in sein Zimmer hinaus. Klara, das völlig entflammte Auge jetzt furchtlos in Neanders erstarrten Blick gedreht, folgte unmittelbar. Da der Geplünderte allein stand, brach ihm das Haupt wie von einer Axt angeschlagen auf die Brust, aus der ein einziger Ton heraufgrollte. Den hört, schon hinter der Tür, die Frau, und während er noch in allen Sinnen wohltut, überläßt sie sich schrankenlos ihrem größeren Glück.

Als später sie, die Federn schüttelnd, von Schuhlins Bett her durch die Pforte zurücktritt — ihres stets zu erneuenden Sieges Glanz stand als Stern ihr zu Häupten —

Da der Stahl aus Neanders Hand, ihr ins Herz gestoßen, sie schon hingeworfen, und des Totschlägers Entseelter Leib, über sie stürzend, sacht an die geschlossene Tür schlägt, in diesem Augenblick dreht sich Schuhlin ermuntert der Nachtlampe zu und beginnt, die Brust weitend, die Arme von sich stemmend und wieder anziehend, kraft- und glücksgeschwellt, unter lateinisch A und B Zahlen zu malen, deren Addition ihm die materielle Sicherheit seines Daseins gewährleisten soll.

Andern Tages sah er überrascht ein, daß die gefundene Ausrechnung hinfällig geworden war.

Sanfte Trauer hindert ihn nicht, unverzüglich neue Verbindungen zu suchen, die die Mittel zu jenem Leben sichern sollen, das er als ihm gemäß und seiner Bedeutung zukommend, ein für allemal erkannt hatte.

ENDE

9 789356 903562

Printed at Repro India Ltd.